Patiëntveiligheid en patiëntenrechten

Patiëntveiligheid en patiëntenrechten

Rede

uitgesproken bij de aanvaarding van het ambt van bijzonder hoogleraar gezondheidsrecht aan het VU Medisch Centrum en de Faculteit der Rechtsgeleerdheid van de Vrije Universiteit te Amsterdam op woensdag 10 mei 2006

door

dr. J. Legemaate

Bohn Stafleu van Loghum
Houten 2006

© Bohn Stafleu van Loghum, 2006

Alle rechten voorbehouden. Niets uit deze uitgave mag worden verveelvoudigd, opgeslagen in een geautomatiseerd gegevensbestand, of openbaar gemaakt, in enige vorm of op enige wijze, hetzij elektronisch, mechanisch, door fotokopieën, opnamen, hetzij op enige andere manier, zonder voorafgaande schriftelijke toestemming van de uitgever.

Voor zover het maken van kopieën uit deze uitgave is toegestaan op grond van artikel 16b Auteurswet 1912 j° het Besluit van 20 juni 1974, Stb. 351, zoals gewijzigd bij Besluit van 23 augustus 1985, Stb. 471 en artikel 17 Auteurswet 1912, dient men de daarvoor wettelijk verschuldigde vergoedingen te voldoen aan de Stichting Reprorecht (Postbus 3051, 2130 KB Hoofddorp). Voor het overnemen van (een) gedeelte(n) uit deze uitgave in bloemlezingen, readers en andere compilatiewerken (artikel 16 Auteurswet 1912) dient men zich tot de uitgever te wenden.

Samensteller(s) en uitgever zijn zich volledig bewust van hun taak een zo betrouwbaar mogelijke uitgave te verzorgen. Niettemin kunnen zij geen aansprakelijkheid aanvaarden voor drukfouten en andere onjuistheden die eventueel in deze uitgave voorkomen.

ISBN 90 313 4847 3
NUR 825

Ontwerp binnenwerk: TEFF, Peter Matthias Noordzij, Hurwenen
Ontwerp omslag: Designwork-bno, Deventer
Automatische opmaak: Alfabase, Alphen aan den Rijn

Bohn Stafleu van Loghum
Het Spoor 2
Postbus 246
3990 GA Houten

www.bsl.nl

Distributeur in België:
Standaard Uitgeverij
Mechelsesteenweg 203
2018 Antwerpen

www.standaarduitgeverij.be

Inhoud

1	Inleiding	1
2	Patiëntveiligheid	2
3	Patiëntveiligheid en patiëntenrechten	3
3.1	Veilig incident melden	3
3.2	Het recht van de patiënt op informatie	7
3.3	De rol van de patiënt in het kader van patiëntveiligheid	12
3.4	Omgaan met klachten en claims	13
4	Conclusies, implicaties voor onderzoek en onderwijs	16
5	Dankwoord	17

Mijnheer de Rector, zeer gewaardeerde toehoorders,

1 Inleiding[1]

In navolging van andere sectoren, zoals de luchtvaart en de petrochemische industrie, is in de gezondheidszorg de aandacht voor de veiligheid van de verleende diensten sterk toegenomen. In de gezondheidszorg wordt dat 'patiëntveiligheid' genoemd. De discussie over patiëntveiligheid is een verbijzondering van het al langer bestaande beleid op het gebied van de kwaliteit van zorg. Binnen dat beleid markeert de discussie over patiëntveiligheid een accentverschuiving. Het gaat niet langer alleen om het ontwikkelen van normen, richtlijnen en kwaliteitssystemen, maar ook om het verkrijgen van inzicht in de aantallen incidenten, de daaruit voor patiënten voortvloeiende schade en de strategieën om die incidenten te voorkomen. Algemeen wordt aangenomen dat het realiseren van patiëntveiligheid in de eerste plaats een verantwoordelijkheid is van beroepsbeoefenaren en instellingen in de gezondheidszorg, maar ook aan patiënten wordt een rol toebedeeld. Mede daarom roepen ontwikkelingen en regelingen op het gebied van de patiëntveiligheid vragen op over de rechtspositie van patiënten. Er zijn aanwijzingen dat beleid inzake patiëntveiligheid tot een verbetering van de rechtspositie van patiënten leidt,[2] maar ook wordt wel betoogd dat die rechtspositie op bepaalde punten in het gedrang kan komen.[3] In deze rede sta ik stil bij de relatie tussen het beleid inzake patiëntveiligheid en de rechten van de patiënt. De opbouw van deze rede is als volgt. Na enkele algemene opmerkingen over patiëntveiligheid ga ik nader in op vier thema's, die dakpansgewijs

---

1 *Met dank aan prof. mr. A.J. Akkermans, prof. mr. J.K.M. Gevers, prof. dr. G. van der Wal en dr. L. Wigersma voor hun waardevolle commentaar op een eerdere versie van deze rede. Van dr. A. Molendijk en dr. D.R.M. Timmermans ontving ik nuttige literatuursuggesties.*

2 *De introductie van veilig incident melden (in par. 3.1 daarover meer) in een ziekenhuis leidde tot een toename van de openheid rond incidenten naar patiënten en hun vertegenwoordigers. Zie A. Molendijk, K. Borst, R. van Dolder. Vergissen is menselijk – Blamefree melden doet transparantie toenemen. Medisch Contact 2003, nr. 43, p. 1661.*

3 *Zie bijvoorbeeld H. Roscam Abbing, die kritisch is over veilig incident melden, dat naar haar mening het vertrouwen in de arts-patiëntrelatie ondermijnt ('Ik laat mijn hand niet sturen', uitgave ministerie van VWS, 2005, p. 22-23).*

met elkaar verbonden zijn: 1) veilig incident melden, 2) het recht van de patiënt op informatie, waaronder het recht om over fouten te worden geïnformeerd, 3) de rol van de patiënt in het kader van patiëntveiligheid en 4) omgaan met klachten en claims. Met betrekking tot elk van deze thema's ga ik na welke gevolgen het veiligheidsbeleid voor de rechten van patiënten heeft. Ik sluit af met enkele conclusies en ga kort in op de implicaties voor onderzoek en onderwijs.

2 Patiëntveiligheid

Onder patiëntveiligheid wordt verstaan:

'het (nagenoeg) ontbreken van (de kans op) aan de patiënt toegebrachte schade (lichamelijk/psychisch) die is ontstaan door het niet volgens de professionele standaard handelen van hulpverleners en/of door tekortkoming van het zorgsysteem'.[4]

Het verbeteren van patiëntveiligheid is niet mogelijk door één enkele activiteit. Vereist is een stelsel van samenhangende maatregelen en activiteiten, dat ook wel veiligheidsmanagementsysteem wordt genoemd. Onder meer in recente internationale documenten worden de breedte en de richting daarvan aangegeven. Genoemd kunnen worden de in april 2005 onder de vlag van de Europese Unie tot stand gekomen Luxembourg Declaration on Patient Safety[5] en de in voorbereiding zijnde Recommendation on Management of Safety and Quality of Health Care van het Comité van Ministers van de Raad van Europa.[6] Een van de centrale thema's vormt het verzamelen en analyseren van relevante gegevens. Daarbij staan vier elementen centraal, die in onderling verband moeten worden bezien:[7]
- systemen gericht op de melding en analyse van incidenten;
- de procedure voor de behandeling van klachten van patiënten;
- de procedure voor het afhandelen van schadeclaims van patiënten;
- het externe toezicht op de kwaliteit van het handelen van hulpverleners en instellingen.

---

4 C. Wagner, G. van der Wal. *Voor een goed begrip – Bevordering patiëntveiligheid vraagt om heldere definities. Medisch Contact* 2005, nr. 47, p. 1889.

5 Deze verklaring kwam tot stand tijdens de conferentie 'Patient safety – Making it happen' (Luxemburg, 2005). De conferentie was een gezamenlijke activiteit van een aantal Europese organisaties en de Europese Unie.

6 Van de Recommendation en daarbij behorende toelichting is een concepttekst bekend die werd opgesteld ten behoeve van de in april 2005 in Warschau gehouden conferentie 'Patient safety as a European challenge'.

7 Zie de toelichting bij de in noot 6 genoemde ontwerptekst van de Raad van Europa: 'When planning patient safety incident reporting systems it may be an advantage to have in place a patients' complaints system, a patient's compensation system and a supervisory body for health professionals. A patient safety incident reporting system should be complemented by them (...).' Zie ook WHO. *Draft guidelines for adverse event reporting and learning systems.* Geneva: WHO, 2005, p.30-36.

Een beleid inzake patiëntveiligheid zal alleen tot resultaat leiden als er sprake is van een veiligheidscultuur. In een dergelijke cultuur zijn hulpverleners zich bewust van het risicovolle karakter van het eigen handelen en zijn zij bereid incidenten en bijna-incidenten te melden en te bespreken, en daarvan te leren. Een veiligheidscultuur impliceert niet alleen dat door hulpverleners en binnen instellingen van incidenten en fouten wordt geleerd, maar ook dat in de relatie met de patiënt naar maximalisering van openheid wordt gestreefd.[8] Zonder een daarop gerichte cultuurverandering, en daarmee samengaande aanpassingen in de opleiding van artsen, verpleegkundigen en andere hulpverleners, is patiëntveiligheid een moeilijk te realiseren perspectief.

3 Patiëntveiligheid en patiëntenrechten

3.1 Veilig incident melden

In 1990 deed de tuchtrechter uitspraak in een zaak tegen een chirurg die een patiënt aan de verkeerde heup opereerde. De chirurg ontdekte dat de dag na de operatie, maar meldde het incident pas een week later bij de FONA-commissie. Deze late melding achtte de tuchtrechter laakbaar. Het verweer dat in zijn toelatingsovereenkomst geen meldplicht was opgenomen, veegde de tuchtrechter van tafel. Het tuchtcollege was van oordeel dat voor de chirurg duidelijk moest zijn geweest dat op hem de morele plicht van melding rustte.[9] Nog maar kortgeleden ontstond ophef over problemen op de afdeling Chirurgie van het Maasziekenhuis in Boxmeer. In een persbericht over deze zaak constateerde de Inspectie voor de Gezondheidszorg dat er in het ziekenhuis een cultuur bestond van horen, zien en zwijgen: fouten werden niet gemeld en ook was er geen goede registratie van incidenten en complicaties. Volgens de Inspectie was een ziekenhuisbrede aanpak van de cultuur nodig.[10] In een aantal andere ziekenhuizen heeft al een cultuuromslag plaatsgevonden en worden onder de vlag van het Sneller Beter-programma op afdelingsniveau systemen voor het melden en analyseren van incidenten ontwikkeld en toegepast. Dergelijke systemen worden gezien als een belangrijk onderdeel van het veiligheidsbeleid. Een incident is 'een onbedoelde gebeurtenis tijdens het zorgproces die tot schade aan de patiënt heeft geleid, had kunnen leiden of (nog) kan leiden'.[11] Onder deze omschrijving vallen niet alleen gebeurtenissen die daadwerkelijk tot schade aan de patiënt hebben geleid, maar ook zogenoemde 'near misses' (gebeurtenissen die niet tot scha-

---

8 *Chief Medical Officer (CMO). Making amends – A consultation paper setting out proposals for reforming the approach to clinical negligence in the NHS.* London: Department of Health, 2003.

9 *Medisch Tuchtcollege Groningen, 19 januari 1990, Tijdschrift voor Gezondheidsrecht 1991, nr. 3, p. 164-166.*

10 *'IGZ overweegt tuchtrechter voor chirurgen Maasziekenhuis Boxmeer'. www.igz.nl, geraadpleegd op 3 april 2006.*

11 *Wagner en Van der Wal, o.c., p. 1889.*

de hebben geleid, omdat de gevolgen tijdig zijn onderkend en gecorrigeerd). Het systematisch verzamelen en analyseren van incidenten wordt van groot belang geacht voor de patiëntveiligheid. Door dergelijke analyses kunnen systeemfouten in het zorgproces worden opgespoord en verbeterd. Systeemfouten worden beschouwd als de belangrijkste bron van incidenten in de zorg.[12] Mede op grond van ervaringen in andere maatschappelijke sectoren bestaan over de aard en opzet van systemen voor het melden van incidenten uitgesproken opvattingen. Meldingssystemen dienen veilig te zijn voor de melder, dat wil zeggen dat deze niet het risico loopt ten gevolge van de melding met disciplinaire maatregelen of juridische procedures te worden geconfronteerd.[13] Bestaat dat risico wel, zo is de gedachte, dan zal er niet of veel minder worden gemeld, en nemen de mogelijkheden af om informatie te verzamelen die van belang is voor de patiëntveiligheid.[14] Om die reden wordt gesproken over de wenselijkheid van 'blamefree reporting', of veilig incident melden. In een aantal Nederlandse ziekenhuizen is het principe van veilig incident melden al ingevoerd. De bedoeling is veilig incident melden in de gehele gezondheidszorg te introduceren. In andere landen, maar ook in Nederlandse wetgeving (zoals de Wet luchtvaart en de Rijkswet Onderzoeksraad voor Veiligheid) is gekozen voor wettelijke bescherming van de melders van incidenten. De meest voorkomende benadering is het afschermen van informatie, bijvoorbeeld door te bepalen dat informatie die door melder is ingebracht in een veilig melden systeem, zonder diens toestemming niet als bewijs mag worden gebruikt in een tegen hem gerichte disciplinaire of juridische procedure.[15] Een iets andere benadering houdt in dat bij wet wordt bepaald dat *als gevolg van de melding* tegen de melder geen disciplinaire of juridische stappen kunnen worden ondernomen.[16] Voor de volledigheid zij overigens aangetekend dat de genoemde wettelijke regelingen uitzonderingen bevatten. Blijkt uit de melding dat het gaat om opzet of grove nalatigheid, dan geldt veelal dat de melder zich niet kan beroepen op afscherming van de gemelde informatie.

---

12 L.L. Leape. Reporting of adverse events. New England Journal of Medicine 2002, p. 1633-1638; K.G. Shojania, H. Wald, R. Gross. Understanding medical error and improving patient safety in the inpatient setting. Medical Clinics of North America 2002, p. 847-867; R. Willems. Hier werk je veilig, of je werkt hier niet. Rotterdam: Shell Nederland, 2004 (Sneller Beter).

13 J. Legemaate. Veilig melden – Wettelijke regeling zo gek nog niet, mits… Medisch Contact 2004, nr. 28/29, p. 1169-1171; J. Legemaate. Veilig melden van incidenten en (bijna-)fouten: betekenis en mogelijkheden van wetgeving. Nederlands Tijdschrift voor Geneeskunde 2005, nr. 22, p. 1203-1205.

14 L.T. Kohn, J.M. Corrigan, M.S. Donaldson (eds). To err is human – Building a safer health system. Washington: National Academic Press, 2000; C. Vincent, N. Stanhope, M. Crowley-Murphy. Reasons for not reporting adverse incidents: an empirical study. Journal of Evaluation in Clinical Practice 1999, p. 13-21.

15 Zie art. 69 Rijkswet Onderzoeksraad voor veiligheid en de in 2005 in de Verenigde Staten tot stand gekomen 'Patient Safety and Quality Improvement Act'.

16 Zie artikel 11.25, eerste lid van het wetsvoorstel tot wijziging van de Wet luchtvaart (Eerste Kamer, 2006-2007, 29777, nr. A), maar ook de in 2004 van kracht geworden Deense 'Act on Patient Safety in the Danish Health Care System'.

Hoe verhoudt wetgeving die de melder beschermt zich tot de rechten van de patiënt? In de toelichting bij de ontwerpaanbeveling van de Raad van Europa wordt opgemerkt: 'It can seem to be difficult to establish a patient safety reporting system without compromising the legal rights of the patients.' Dat is ook de achtergrond van bezwaren die door letselschadeadvocaten naar voren zijn gebracht.[17] Het gaat daarbij vooral om de vrees dat in het veilig melden systeem informatie over de patiënt en zijn situatie terechtkomt, die deze zelf niet te horen krijgt. Het lijkt er dan op dat schuld vinden en veiligheid bevorderen tegenstrijdige belangen zijn.[18] Het is echter van belang beide invalshoeken duidelijk te scheiden. Een analyse in het kader van een veilig melden systeem is niet gericht op het beantwoorden van vragen in de sfeer van verwijtbaarheid, schuld en aansprakelijkheid, en zelfs niet op het individuele geval, maar op het identificeren en wegnemen van oorzaken, in het bijzonder systeemfouten, die herhaling van het incident kunnen voorkomen. Een dergelijke analyse wordt niet verricht ten behoeve van de patiënt op wie het incident betrekking had, maar in het belang van de kwaliteit van de toekomstige zorg. Als door middel van melding en analyse van incidenten de patiëntveiligheid in het algemeen kan worden verbeterd, is de gedachte om het in dat kader gehanteerde informatiekanaal op een of andere manier af te schermen bepaald niet onredelijk. Daarbij moet worden bedacht dat een regeling op het gebied van veilig incident melden geen afbreuk kan doen aan het wettelijke recht van de patiënt op informatie, zoals geregeld in art. 7:448 BW. Sterker nog, zowel in de al genoemde internationale documenten als in de medische en juridische literatuur op dit gebied wordt benadrukt dat het geven van goede informatie aan patiënten een conditio sine qua non is voor het implementeren van veilig incident melden. In dat kader zijn zelfs verschillende voorstellen gedaan om hulpverleners wettelijk te verplichten incidenten die tot schade hebben geleid of nog kunnen leiden met de patiënt te bespreken.[19] Veilig incident melden is dan ook niet zozeer bedoeld om de melder tegen de patiënt te beschermen. De patiënt behoudt te allen tijde zijn recht op informatie, en ook het recht om via een door hem te kiezen procedure een klacht of een claim in te dienen. De bescherming van de melder is eerst en vooral een bescherming tegen stappen die worden gezet door een werkgever of een externe toezichthouder, zoals

---

17 E. Pronk. *Klokkenluiderregeling voor artsen. Medisch Contact* 2005, nr. 8, p. 305. Zie ook noot 3.
18 R.W.M. Giard. *Aansprakelijkheid van artsen – Juridische theorie en medische praktijk.* Den Haag: Boom Juridische Uitgevers, 2005, p. 209-212.
19 CMO, o.c., p. 18, die voorstelt bij wet te regelen 'a duty of candour requiring clinicians and health service managers to inform patients about actions which have resulted in harm', alsmede een 'exemption from disciplinary action for those reporting adverse events or medical errors'; De informatieplicht voor hulpverleners is ook opgenomen in een in 2005 door de Amerikaanse senatoren Clinton en Obama ingediend voorstel voor een federale 'National Error Disclosure and Compensation (MEDiC) Act' (wetsvoorstel S.1784). In sommige Amerikaanse staten geldt al een informatieplicht voor hulpverleners jegens patiënten ter zake van 'serious events', zoals in Pennsylvania op basis van art. 308, onder b van 'Medical Care Availability and Reduction of Error Act 2002'. Betoogd kan worden dat zo'n plicht in Nederland eigenlijk al bestaat. Zie nader paragraaf 3.2.1.

de Inspectie of het OM.[20] Met veilig melden wordt evenmin beoogd de melder immuniteit tegen procedures of vervolging te bieden. Wat moet worden uitgesloten of beperkt is de mogelijkheid om de melding en de daarin vervatte informatie in een procedure tegen de melder te gebruiken. Een dergelijke procedure, of die nu gestart wordt door een externe toezichthouder of de patiënt, zal op basis van langs andere weg verkregen informatie altijd mogelijk blijven.[21] Zeker voor de patiënt blijven er voldoende andere bronnen over.[22]

Ervan uitgaande dat de veiligheid van de melder een belangrijke voorwaarde is voor de effectiviteit van meldingssystemen is de hamvraag natuurlijk wat er nodig is om de melder voldoende veiligheid te bieden: kan worden volstaan met het realiseren van een veiligheidscultuur binnen instellingen of is het wenselijk of noodzakelijk die veiligheid ook wettelijk te garanderen? Binnenkort zullen de resultaten bekend worden van een onderzoek dat de KNMG, in opdracht van ZonMw, heeft uitgevoerd naar de randvoorwaarden van veilig incident melden. Naar verwachting bieden de resultaten van dit onderzoek een goede basis voor een interessant debat over de vraag of melders van incidenten in de gezondheidszorg enige mate van wettelijke bescherming behoeven. Ik ben van mening dat deze vraag niet op voorhand ontkennend moet worden beantwoord.

Er is bij veilig incident melden nog een ander patiëntenrecht in het geding, namelijk het recht op bescherming van de persoonlijke levenssfeer. Het opnemen van patiëntengegevens in een op kwaliteitsverbetering gericht meldingssysteem kan geschieden op basis van veronderstelde toestemming.[23] Niettemin zal ook dan de privacy van de patiënt zo goed mogelijk moeten worden beschermd. Dat betekent dat tot de patiënt herleidbare gegevens moeten worden verwijderd zodra dat mogelijk is. Die gegevens kun-

---

20 Niet alleen bij incidenten die daadwerkelijk tot schade hebben geleid, maar juist ook bij 'near misses' is de bescherming van de melder tegen mogelijke repercussies van de kant van werkgever of externe toezichthouder van grote betekenis voor de effectiviteit van een meldingssysteem. In Amerikaanse literatuur wordt gewezen op het risico dat letselschadeadvocaten zullen proberen een claim sterker te maken door een relatie te suggereren met 'near misses' van dezelfde hulpverlener of afdeling in andere situaties. Zie Kohn et al., o.c., p. 112-113.

21 Zie ook de meldingsprocedure van de Wet toetsing levensbeëindiging op verzoek en hulp bij zelfdoding (Wet van 12 april 2001, Stb. 194). Oordeelt de toetsingscommissie dat de meldende arts zorgvuldig handelde, dan wordt er door de commissie geen informatie verstrekt aan OM en Inspectie. Dat laat echter onverlet dat OM of Inspectie op grond van langs andere weg verkregen informatie tegen de arts stappen kunnen ondernemen.

22 Waar het gaat om de patiënt wordt overigens algemeen aangenomen dat informatie over 'near misses', incidenten die door tijdige ontdekking (net) niet tot schade hebben geleid, niet onder diens recht op informatie valt (zie ook noot 20). Dit laat onverlet dat er goede redenen kunnen zijn patiënten (soms) wel over 'near misses' te informeren. Zo ook de benadering van de Amerikaanse 'Sorry Works! Coalition'. Zie www.sorryworks.net en hierna paragraaf 3.2.1

23 H.J.J. Leenen. Handboek gezondheidsrecht. Deel I – Rechten van mensen in de gezondheidszorg. Houten: Bohn Stafleu Van Loghum, 2000, p. 242-243. Ook art. 8 onder f Wet bescherming persoonsgegevens biedt daartoe ruimte.

nen in de eerste fase nodig zijn, bijvoorbeeld om de commissie die de melding analyseert in de gelegenheid te stellen zo nodig nadere informatie op te vragen. Maar het ligt voor de hand zodra deze nadere informatie is verkregen de melding van persoonsgegevens te ontdoen.

3.2 Het recht van de patiënt op informatie

In 2004 oordeelde het Centraal Tuchtcollege over een zaak tegen een internist. Naar de mening van klaagster hanteerde de arts een verkeerd beleid inzake pijnbestrijding, had hij haar klachten niet serieus genomen en verzuimde hij bovendien de mogelijke consequenties van bepaalde ontwikkelingen met haar te bespreken. Het Centraal Tuchtcollege was overtuigd van de goede bedoelingen van de arts, maar meende wel dat deze de patiënte onvoldoende had geïnformeerd. De tuchtrechter stelde vast dat het achterhouden van informatie bij patiënte had geleid tot een gevoel van niet serieus genomen worden, waaruit wantrouwen jegens de arts en een deel van de verpleging volgde.[24] Dit is maar een van de recente uitspraken waaruit blijkt hoeveel betekenis patiënten hechten aan goede informatie. Het gaat daarbij vooral om informatie over risico's en bijwerkingen van onderzoeken en behandelingen. In nationale en internationale beleidsdocumenten op het gebied van patiëntveiligheid wordt veelvuldig het belang van het recht van de patiënt op informatie benadrukt.[25] De verwachting is dat goed geïnformeerde patiënten zich actief en alert zullen opstellen, en op die wijze een eigen bijdrage kunnen leveren aan het verbeteren van de patiëntveiligheid. In mijn Rotterdamse afscheidsrede heb ik het recht op informatie het belangrijkste patiëntenrecht genoemd. Zonder goede informatie kan een patiënt niet volwaardig participeren in de relatie met zijn hulpverlener en verliezen ook veel van zijn andere rechten aan betekenis.[26] In de rechtspraak heeft het recht op informatie het afgelopen decennium een interessante ontwikkeling doorgemaakt. In een relatief groot aantal uitspraken is de globale wettelijke bepaling inzake het recht op informatie, art. 7:448 BW, uitgewerkt en gepreciseerd. Daardoor kan veel beter worden bepaald welke inhoud het recht op informatie heeft en wat de grenzen van dat recht zijn. De rechtspraak van de afgelopen jaren roept echter ook nieuwe vragen op. Zo zijn in de rechtspraak normen ontwikkeld waarvan kan worden gesteld dat deze eigenlijk thuishoren in de wet. Ik denk bijvoorbeeld aan de norm dat de hulpverlener in elk geval bij ingrijpende verrichtingen moet nagaan of de patiënt de informatie

---

24 *Centraal Tuchtcollege voor de Gezondheidszorg 22 januari 2004. Tijdschrift voor Gezondheidsrecht 2004, nr. 3, p. 231-236.*

25 *Zie ook Hoge Raad 23 november 2001, Tijdschrift voor Gezondheidsrecht 2002, nr. 3, p. 181-205 (twee zaken): 'Het tekortschieten in de nakoming van [de informatieplicht] roept het risico in het leven dat de patiënt niet op de door hem gewenste wijze van zijn zelfbeschikkingsrecht gebruik kan maken (...).'*

26 *J. Legemaate. Professie, management en gezondheidsrecht. Den Haag: Koninklijke Vermande, 2003, p. 16.*

ook begrepen heeft.[27] Ook zijn er aanwijzingen dat in de rechtspraak onvoldoende rekening wordt gehouden met onderzoek naar de informatiebehoeften van patiënten. In een aantal rechterlijke uitspraken wordt het noemen van precieze gegevens over ernstige risico's van bepaalde medische verrichtingen bewust niet als norm gesteld, omdat dit patiënten zou afschrikken of nodeloos ongerust zou maken.[28] Globale informatie volstaat volgens de rechter. Uit onderzoek blijkt echter dat patiënten vaak juist een voorkeur hebben voor precieze informatie boven risicotyperingen door middel van algemene bewoordingen.[29] Dit wordt ook wel de preferentieparadox genoemd: hulpverleners denken te kunnen volstaan met algemene bewoordingen, terwijl patiënten meer details of preciezere formuleringen willen horen. Het gaat er daarbij niet om patiënten plompverloren te confronteren met gedetailleerde informatie, maar om het ontwikkelen van strategieën die erop zijn gericht de patiënt beter in staat te stellen de veelal complexe informatie over risico's te begrijpen en een plaats te geven in het kader van het besluitvormingsproces.[30] Dit sluit aan bij onderzoek waaruit blijkt dat goed geïnformeerde patiënten minder snel geneigd zijn ineffectieve en riskante verrichtingen te ondergaan.[31] Op het punt van de empirische onderbouwing van de inhoud en de aanpak van het recht op informatie is nader onderzoek geboden. De betekenis van het recht op informatie in het kader van het beleid inzake patiëntveiligheid kan daardoor alleen maar toenemen.

3.2.1 Recht op informatie over fouten[32]

Omvat het recht van de patiënt op informatie ook het recht om te worden geïnformeerd over ten aanzien van hem gemaakte fouten? Fouten vormen een deelverzameling binnen de categorie incidenten. In de medische opleidingen wordt in toenemende mate het belang van openheid over klachten en fouten benadrukt, zowel in het kader van de hulpverlener-patiëntrelatie

---

27 Gerechtshof Amsterdam 8 juli 1996, Tijdschrift voor Gezondheidsrecht 1998, nr. 3, p. 157-160; Regionaal Tuchtcollege 's-Gravenhage 3 september 1997, Tijdschrift voor Gezondheidsrecht 1998, nr. 3, p. 154-157; Centraal Tuchtcollege voor de Gezondheidszorg 19 februari 2004, Medisch Contact 2004, nr. 23, p. 960-962.

28 Gerechtshof Amsterdam 27 juli 1999, NJ 2000, 16; Centraal Tuchtcollege voor de Gezondheidszorg 31 augustus 2001, Medisch Contact 2002, nr. 2, p. 71-72.

29 D.R.M. Timmermans. What clinicians can offer: assessing and communicating probabilities for individual patient decision making. Hormone Research 1999, Suppl 1, p. 58-66; A. Edwards, G. Elwyn, A. Mulley. Explaining risks: turning numerical data into meaningful pictures. British Medical Journal 2002, p. 827-830; D. Timmermans, B. Molewijk, A. Stiggelbout, J. Kievit. Different formats for communicating surgical risks to patients and the effect on the choice of treatment. Patient Education and Counseling 2004, p. 255-263.

30 J. Paling. Strategies to help patients understand risks. British Medical Journal 2003, p. 745-748.

31 R.J. Volk, A.R. Cass, S.J. Spann. A randomized controlled trial of shared decision making for prostate cancer screening. Archives of Family Medicine 1999, p. 333-340.

32 Met dank aan prof. mr. N. Frenk en J.W.M. Stappers voor hun waardevolle commentaar op een eerdere versie van deze paragraaf.

als ten behoeve van de patiëntveiligheid.33 Er is al enige tijd een discussie gaande over de polisvoorwaarden van aansprakelijkheidsverzekeraars, waaruit kan worden afgeleid dat hulpverleners geen fouten zouden mogen toegeven. Deze polisvoorwaarden zorgen voor onrust onder artsen en andere hulpverleners.34 Volgens de polisvoorwaarden mag de hulpverlener geen schuld of aansprakelijkheid erkennen. Hulpverleners zijn bang dat openheid juridische gevolgen heeft in de vorm van claims of het vervallen van de verzekeringsdekking.35 In 2003 pleitte de KNMG voor een onderscheid tussen praten over fouten en het zo nodig maken van excuses enerzijds en het erkennen van aansprakelijkheid anderzijds. Het ene zouden artsen mogen doen, het andere zouden zij moeten laten. Overleg op dit punt tussen het Verbond van Verzekeraars en de KNMG leidde niet tot overeenstemming.36 De verzekeraars erkenden weliswaar het belang van openheid, maar van volledige vrijheid voor hulpverleners om met patiënten over fouten te praten kon naar hun mening geen sprake zijn. Zij raden aan het woord fout zoveel mogelijk te vermijden en vrezen dat hulpverleners fouten toegeven in situaties waarin er van fouten geen sprake is, en ook dat de enkele erkenning van de fout zal leiden tot aansprakelijkheid. Voor die vrees bieden wetgeving en rechtspraak naar mijn mening maar weinig reden. Ik wijs op de casus die verzekeraars zelf nogal eens noemen als reden voor hun terughoudendheid. Een KNO-arts, werkzaam in een perifeer ziekenhuis, opereert een patiënte aan haar rechteroor. Daarbij beschadigt de arts de nervus facialis. De arts is ervan overtuigd een fout te hebben gemaakt. Naar eigen zeggen is hij tijdens de operatie onvoorzichtig en onvoldoende alert geweest. Dit grijpt de arts zeer aan. Na een in het VUmc uitgevoerde hersteloperatie verschijnt de KNO-arts aan het bed van patiënte. Hij is in tranen, biedt haar bloemen aan, excuseert zich nogmaals voor zijn fout en roept patiënte op hem aansprakelijk te stellen. In de daaropvolgende juridische procedure betoogt een getuige-deskundige dat het beschadigen van de nervus facialis een risico is bij elke ooroperatie. Van een fout is volgens de deskundige dan ook geen sprake. De verzekeraar van de KNO-arts wijst om die reden aansprakelijkheid af. Op basis van diens eigen verklaring concludeert de rechter niettemin tot aansprakelijkheid van de arts. De rechter overweegt expliciet dat de eerdere erkenning van aansprakelijkheid door de arts zelf daarbij geen rol speelt. De rechter baseert zich op de feitelijke beschrijving door de arts van zijn han-

---

33 J.J.E. van Everdingen. *Omgaan met fouten*. In: J.C.J.M. de Haes et al. (red.). *Communiceren met patiënten*. Maarssen: Elsevier/Bunge, 1999, p. 193-205; KNMG. *Consult 'Arts en omgaan met fouten'*. Utrecht: KNMG, 2000.

34 Giard, o.c., p. 144.

35 M.M. Calff, E.M. Smets. *Praten over fouten: wat vinden artsen en patiënten daarvan? Nederlands Tijdschrift voor Geneeskunde* 2003, nr. 30, p. 1477 (referaat van: T.H. Gallagher et al., *Patients' and physicians' attitudes regarding the disclosure of medical errors*. JAMA 2003, p. 1001-1007).

36 J. Legemaate. *Open en eerlijk – Omgaan met klachten en fouten. Medisch Contact* 2003, nr. 28/29, p. 1128-1131.

delwijze tijdens de operatie.³⁷ Deze casus vormt overigens een treffende illustratie van de situatie waarop het op 1 januari 2006 in werking getreden art. 7:953 BW het oog heeft. Deze bepaling, onderdeel van het nieuwe verzekeringsrecht, heeft de volgende inhoud: 'Indien een verzekering tegen aansprakelijkheid bepaalde erkenningen door de verzekerde verbiedt, heeft overtreding van dat verbod geen gevolg voor zover de erkenning juist is. Een verbod tot erkenning van feiten heeft nimmer gevolg.' In de genoemde zaak bleek de erkenning juist te zijn. De uitlatingen van de arts kunnen hem dan door zijn verzekeraar niet worden tegengeworpen.

Niet alleen vanuit de optiek van art. 7:953 BW kunnen kritische kanttekeningen worden geplaatst bij polisvoorwaarden die de communicatie tussen arts en patiënt over fouten beperken. Het behoort tot de professionele verantwoordelijkheid van hulpverleners om te voorkomen dat patiënten worden geschaad en om reeds ontstane schade zo veel mogelijk te beperken. Door de patiënt niet of niet tijdig over fouten te informeren kan schade worden veroorzaakt of verergerd.³⁸ Regelingen en afspraken die op dit punt de informatieplicht van de hulpverlener beperken zijn naar mijn mening strijdig met art. 7:448 BW. In dat kader kan ook worden gewezen op bepaling 2c van de in 2004 tot stand gekomen Klachtenrichtlijn gezondheidszorg: 'Ingeval sprake is van een fout of een complicatie, bespreekt de zorgverlener dit uit zichzelf met de cliënt.'³⁹ Als al niet zou moeten geconcludeerd dat de betreffende polisvoorwaarde nietig is wegens strijd met een dwingende wettelijke bepaling, dan is het in elk geval zo, dat vanwege de professionele plichten van de arts een beroep door de verzekeraar op de polisvoorwaarde in tal van situaties in strijd komt met de redelijkheid en billijkheid.⁴⁰

De kosten van de weinige praktijksituaties die de terughoudende opstelling van de verzekeraars zouden kunnen rechtvaardigen, vallen naar verwachting volkomen in het niet bij zowel de psychologische als financiële voordelen van openheid. Zo kan een verzekeraar financieel voordeel hebben van snelle openheid, in gevallen waarin door die openheid schade kan worden voorkomen of verminderd. Ook zijn er aanwijzingen dat openheid juist

---

37 Rechtbank Zwolle 6 november 2002, zaaknr. 71941 HA ZA 01-1367. In hoger beroep werd de uitspraak bevestigd: Gerechtshof Arnhem 2 december 2003, LJN-nr AO0863.

38 Een schadebeperkingsplicht geldt overigens ook in de relatie tussen de verzekerde hulpverlener en zijn aansprakelijkheidsverzekeraar. Zie in dit kader ook de bereddingsplicht, zoals geregeld in art. 7:957 BW.

39 Kwaliteitsinstituut voor de Gezondheidszorg CBO e.a. Klachtenrichtlijn gezondheidszorg. Alphen aan den Rijn: Van Zuiden, 2004, p. 148-150. Voor advocaten geldt een vergelijkbare gedragsregel, die luidt: 'De advocaat die bemerkt dat hij tekort geschoten is in de behartiging van de belangen van zijn cliënt, moet zijn cliënt op de hoogte stellen (...).'

40 Zie J.H. Wansink. De algemene aansprakelijkheidsverzekering. Zwolle: Tjeenk Willink, 1994, p. 333-344.

leidt tot een vermindering van het aantal klachten en claims.[41] In dit kader kan worden gewezen op de Amerikaanse 'Sorry Works! Coalition'. Deze coalitie is een op nationaal niveau functionerend samenwerkingsverband van artsen, zorginstellingen, patiënten, verzekeraars, onderzoekers en beleidsmakers, dat zich tot doel stelt het realiseren van volledige openheid over fouten en incidenten, door middel van zowel beleidsmaatregelen als wetgeving.[42] Dit initiatief is vooral ontstaan om de Amerikaanse aansprakelijkheidscrisis te bezweren, en heeft daardoor een andere achtergrond dan de Nederlandse discussie. Niettemin valt van dit initiatief veel te leren over het maximaliseren van de mogelijkheden voor openheid. Prijzenswaardig is dat MediRisk, een van de grootste Nederlandse verzekeraars op dit gebied, per 1 januari jl. de gewraakte polisvoorwaarde heeft geherformuleerd. De nieuwe formulering luidt aldus:

art. 5.1, onder c: 'zich te onthouden van alles wat de belangen van MediRisk zou kunnen schaden. Hieronder worden in ieder geval verstaan uitlatingen of gedragingen, anders dan het verstrekken van feitelijke medische informatie, waaruit aansprakelijkheid zou kunnen worden afgeleid, tenzij deze aansprakelijkheid ook zou hebben bestaan zonder de betreffende uitlatingen of gedragingen.'

Deze formulering sluit aan bij art. 7:953 BW en is bedoeld om meer ruimte te bieden voor openheid in de hulpverlener-patiëntrelatie. Het is van belang de voor hulpverleners nogal ingewikkelde formulering van de herziene polisvoorwaarde te vertalen in concrete handelingsopties en -adviezen. Ik meen dat daarin centraal moet staan de eigen verantwoordelijkheid van hulpverleners om te onderscheiden tussen wat als een fout moet worden gezien en wat niet, en het recht van hulpverleners om zo nodig open over fouten te kunnen spreken. Dat is wat de patiënt, in het licht van de professionele standaard,[43] van zijn hulpverlener mag verwachten. Voorkomen moet worden dat hulpverleners ten onrechte een fout toegeven, maar nog meer dat zij over fouten ten onrechte zwijgen.

---

41 *Aanwijzingen daarvoor zijn te vinden bij C. Vincent, M. Young, A. Phillips. Why do people sue doctors? A study of patients and relatives taking legal action. The Lancet 1994, p. 1609-1613; A.B. Witman, D.M. Park, S.B. Hardin. How do patients want physicians to handle mistakes? Archives of Internal Medicine 1996, p. 2565-2569. Terughoudender zijn K.M. Mazor et al. Health plan members' views about disclosure of medical errors. Annals of Internal Medicine 2004, p. 409-418: 'the desire to seek legal advice may not diminish despite full disclosure'. Zie voorts K.M. Mazor, S.R. Simon, J.H. Gurwitz. Communicating with patients about medical errors. Archives of Internal Medicine 2004, p. 1690-1697. Zij wijzen op de nog beperkte hoeveelheid empirische gegevens over de aanpak en gevolgen van 'disclosure'.*

42 *Zie www.sorryworks.net. Zie ook noot 19.*

43 *Art. 7:453 BW.*

3.3 De rol van de patiënt in het kader van patiëntveiligheid

Patiëntveiligheid is zoals gezegd in de eerste plaats een verantwoordelijkheid van hulpverleners en zorginstellingen, maar ook patiënten kunnen in dat kader een belangrijke rol spelen. De rol van de patiënt in het kader van patiëntveiligheid is onder meer door Van der Wal nader uitgewerkt. In zijn visie mag van de patiënt worden verwacht dat hij zo veel mogelijk betrouwbare informatie verzamelt over zijn gezondheidstoestand, dat hij de verleende zorg zo goed mogelijk tracht te begrijpen, dat hij onzekerheden kenbaar maakt aan de hulpverlener, dat hij de zorgvuldigheid van het zorgproces bewaakt, dat hij de hulpverlener zo goed mogelijk informeert, bijvoorbeeld over medicijngebruik en allergieën en dat hij instructies van hulpverleners naleeft. Op die manier kan de patiënt medebewaker worden van het zorgproces en zijn veiligheid.[44] Deze visie op de rol van de patiënt wordt blijkens beleidsdocumenten en literatuur op het terrein van de patiëntveiligheid breed gedragen. Er komt in tot uitdrukking dat ook van patiënten mag worden verwacht dat zij verantwoordelijkheid nemen. Dat roept de vraag op naar de betekenis in deze context van art. 7:452 BW, welke bepaling als volgt luidt: 'De patiënt geeft de hulpverlener naar beste weten de inlichtingen en de medewerking die deze redelijkerwijs voor het uitvoeren van de overeenkomst behoeft.' Deze wetsbepaling is binnen het gezondheidsrecht omstreden. Een groot aantal auteurs meent dat deze bepaling in de Wet geneeskundige behandelingsovereenkomst niet thuishoort. Argumenten daarvoor zijn dat een informatie- en medewerkingsplicht voor patiënten niet past bij de aard van de overeenkomst en dat de bepaling juridisch niet of hooguit indirect afdwingbaar is.[45] Dit is een voorbeeld van een situatie die in de rechtsliteratuur wordt aangeduid met de Duitse term Obliegenheit. Het gaat dan om situaties waarin iemand een bepaalde gedraging moet verrichten op straffe van verval of beperking van de aan hem toekomende rechten.[46] Er is dan geen sprake van een rechtsplicht, maar van een sanctie, die bijvoorbeeld kan inhouden een beperking van het recht op behandeling of van de mogelijkheden van de patiënt om een arts of instelling aansprakelijk te stellen. In het kader van de evaluatie van de Wgbo werd de betekenis van art. 7:452 BW door zowel artsen als patiënten sterk gerelativeerd, vooral omdat de patiënt lang niet altijd kan weten welke informatie voor de arts van belang is. In de praktijk speelt art. 7:452 BW, zo blijkt uit de evaluatie, geen rol.[47] Boven-

---

44 G. van der Wal. *Quality of care, patient safety, and the role of the patient*. In: J.K.M. Gevers, E.H. Hondius, J.H. Hubben (eds). *Health law, human rights and the Biomedicine Convention*. Leiden/Boston: Martinus Nijhoff, 2005, p. 89-91.

45 Onder meer Leenen (2000), o.c., p. 188-189; B. Sluijters, M.C.I.H. Biesaart. *De geneeskundige behandelingsovereenkomst*. Deventer: Kluwer, 2005, p. 56-58.

46 C. Asser. *De verbintenis in het algemeen, bewerkt door A.S. Hartkamp (Asser-Hartkamp 4-I)*. Deventer: Tjeenk Willink, 2004, p. 8-9.

47 J. Legemaate, F.C.B. van Wijmen, G.A.M. Widdershoven. *Informed consent*. In: J.C.J. Dute et al. *Evaluatie wet op de geneeskundige behandelingsovereenkomst*. Den Haag: Zorgonderzoek Nederland, 2000, p. 95-96, 117.

dien, zo wordt wel gesteld, maakt het bestaan van art. 6:248 BW, de algemene bepaling inzake redelijkheid en billijkheid, art. 7:452 BW strikt genomen overbodig. Van art. 7:452 kan een verkeerd signaal uitgaan, namelijk dat aan een handelwijze van patiënten waaruit blijkt dat zij de hun toebedeelde verantwoordelijkheden veronachtzamen, negatieve gevolgen kunnen worden verbonden. Naar mijn mening is dat alleen het geval als de patiënt zich herhaalde malen ernstig misdraagt of hij zo weinig medewerking verleent dat elke therapeutische bemoeienis zinloos is. In die gevallen kan de hulpverlener tot de conclusie komen dat niet van hem kan worden verlangd dat hij de behandelingsovereenkomst voortzet. Maar dat zijn uiterste situaties. In de dagelijkse praktijk zijn heel andere mechanismen van belang. Daarbij gaat het erom de hulpverlener-patiëntrelatie zo in te richten dat de eigen verantwoordelijkheid van de patiënt en diens therapietrouw worden gestimuleerd. Sleutelbegrippen in dat verband zijn informatie en communicatie. Dat is ook de manier waarop moet worden aangekeken tegen de rol van de patiënt in het kader van patiëntveiligheid. Neemt de patiënt die verantwoordelijkheid niet dan is dat een verloren kans, maar niet een situatie waarin gegrepen kan worden naar wettelijke bepalingen of andere juridische middelen. Zolang dat in het oog wordt gehouden, is er niets tegen om de rol van de patiënt in het kader van patiëntveiligheid nader uit te werken en diens mogelijkheden en verantwoordelijkheden te accentueren. Dat wil overigens geenszins zeggen dat hulpverleners onwenselijke of onverstandige gedragingen van patiënten maar hebben te accepteren zolang het niveau van calamiteiten niet wordt bereikt. Een hulpverlener mag een patiënt daar naar mijn mening altijd op aanspreken.

3.4 Omgaan met klachten en claims

Gezien vanuit de relatie tussen patiëntveiligheid en patiëntenrechten roept het bestaande stelsel van klachtmogelijkheden twee belangrijke en nauw met elkaar verbonden vragen op. Vanuit de invalshoek van de patiëntveiligheid is dat de vraag of het stelsel van klachtmogelijkheden een bijdrage levert aan de kwaliteit en veiligheid van de zorg. Vanuit de optiek van de patiëntenrechten kan de vraag worden gesteld of de patiënt voldoende mogelijkheden heeft om klachten of claims naar voren te brengen.

3.4.1 *Klachten, claims en de bevordering van kwaliteit en veiligheid*

Met het Nederlandse stelsel van klachtmogelijkheden (klachtencommissies, tuchtrecht, civiele procedure) worden twee doelen nagestreefd: individuele rechtsbescherming en genoegdoening enerzijds en de bevordering van kwaliteit en veiligheid van de zorg anderzijds. De tweede doelstelling lijkt maar in zeer beperkte mate te worden bereikt. Daarvoor kunnen verschillende redenen worden genoemd. Om te beginnen is er geen totaaloverzicht van klachten en claims uit de verschillende kanalen. Op kwaliteitsverbetering gerichte analyses, niet alleen van de klachtmogelijkheden zelf maar juist ook van die mogelijkheden in relatie tot elkaar, zijn daardoor maar beperkt mogelijk. Aan te bevelen is deze informatie op één plaats bijeen te brengen en te analyseren. Een tweede reden is dat het stelsel van klachtmogelijkheden weliswaar de twee genoemde doelstellingen heeft, maar dat nimmer is beredeneerd welke eisen en randvoorwaarden deze doelstellingen, en in het bijzonder de kwaliteitsdoelstelling, eigenlijk aan de inrichting en toegankelijkheid van dit stelsel stellen. Dit maakt het zinvol om onderzoek te doen naar de systemen van landen waarin dat nadrukkelijk wel is gebeurd. Een voorbeeld vormt de klachtenregeling zoals die bestaat in Nieuw-Zeeland.[48] In de derde plaats is zo langzamerhand wel duidelijk dat onderdelen van ons eigen systeem, en in het bijzonder de civielrechtelijke arena, mogelijkheden om relaties te leggen tussen klachten en de bevordering van kwaliteit en veiligheid bepaald niet stimuleren. Daarvoor is er in de civielrechtelijke arena doorgaans sprake van een veel te sterke polarisatie. Alternatieve benaderingen, zoals een no-fault compensatiesysteem (NFCS), lijken beter te passen bij de systeemoriëntatie van het veiligheidsbeleid in de gezondheidszorg. In het in 2003 door de KNMG gepubliceerde Kwaliteitsmanifest wordt een pleidooi gehouden voor een aanpak van de medische aansprakelijkheid die beter aansluit bij een cultuur van openheid dan het huidige systeem.[49] Een in Nederland verricht onderzoek naar een no-fault compensatiesysteem concludeert weliswaar dat een dergelijk systeem een betere context biedt voor kwaliteitsbewaking en -bevordering, maar geeft geen eenduidig antwoord op de vraag of wij, in navolging van bijvoorbeeld de Scandinavische landen, zo'n systeem zouden moeten invoeren. De aarzelingen zijn groot, vooral omdat een no-fault compensatiesysteem volgens de onderzoekers ontegenzeggelijk tot hogere kosten leidt.[50] Het blijft echter de moeite waard om na te denken over manieren om de nadelen van het huidige aansprakelijkheidssysteem te verminderen. Ook op dit punt is het interessant om de inspanningen van de Amerikaanse 'Sorry Works! Coalition' te bestuderen. Deze coalitie benadrukt het belang van een 'quick response' benadering: een combinatie van (wettelijk verplichte) openheid, zo nodig excuses en schadevergoeding op korte termijn.[51] In Illinois is een bij wet geregeld experiment gaande, waarin deze aanpak gedurende twee jaar vergeleken wordt met de traditionele Amerikaanse aansprakelijkheidsprocedure.[52] Naar aanleiding van een vergelijkbaar experiment in een ziekenhuis in Kentucky wees Van Maanen in 2003 al op de mogelijke voordelen, ook voor Nederland, van een dergelijke 'quick

---

[48] R. Paterson. *The patients' complaints system in New Zealand. Health Affairs* 2002, nr. 3, p. 70-79; R. Paterson, M. van Wyk. *Patients' rights in New Zealand: complaints resolution and quality improvement. Medicine & Law* 2004, p. 29-37.

[49] KNMG. *Kwaliteitsmanifest*. Utrecht: KNMG, 2003, p. 36-38.

[50] J.C.J. Dute, M.G. Faure, H. Koziol. *Onderzoek no-fault compensatiesysteem*. Den Haag: ZonMw, 2002.

[51] In navolging van initiatieven in verschillende Amerikaanse staten pleit de Sorry Works! Coalition ook voor wetgeving die bepaalt dat excuses van een hulpverlener niet mogen worden gebruikt als bewijs dat deze een fout heeft gemaakt. Zie hierover J.R. Cohen. *Legislating apology: the pros en cons. University of Cincinnati Law Review* 2002, p. 819-895 alsmede Giard, o.c., p. 144-146.

[52] *Illinois SB 475, Sorry Works! Pilot Program Act*. Zie ook noot 19.

response' benadering.[53] Recent onderzoek ondersteunt dit.[54] Het gaat om een aanpak waarin openheid, snelheid en eenvoud centraal staan, waarbij nadrukkelijk een relatie wordt gelegd met risk management en andere vormen van veiligheidsbeleid, en een zwaar opgetuigde juridische strijd zoveel mogelijk wordt voorkomen.[55]

3.4.2 De positie van de patiënt

De stap naar de positie van de patiënt is nu gemakkelijk gezet. Voorstellen die het aansprakelijkheidssysteem aanpassen op de hiervoor genoemde wijze, bieden niet alleen betere vooruitzichten op kwaliteitsimpulsen, maar sluiten ook beter aan bij de rechtsbehoeften van patiënten. Ook kan mogelijk een grotere mate van rechtvaardigheid worden bereikt. Thans is het immers zo dat maar een beperkt deel van de patiënten die recht zouden kunnen doen gelden op schadevergoeding, deze ook werkelijk krijgen. Maar niet alleen met betrekking tot het civielrechtelijke kanaal doen zich problemen voor in de sfeer van toegankelijkheid en rechtvaardigheid. Ook in de sfeer van de Wet klachtrecht cliënten zorgsector en het in de Wet Big geregelde tuchtrecht is daarvan sprake. In beide gevallen is het maar de vraag of de reikwijdte en de uitgangspunten van genoemde wettelijke regelingen nog wel aansluiten bij de huidige ontwikkelingen in de gezondheidszorg. Zo leidt de huidige Wet klachtrecht tot onduidelijkheid bij klachten die ontstaan in de context van transmurale of ketenzorg. Waar dient een klacht dan te worden ingediend? Ten aanzien van de Wet Big is een probleem dat het daarin opgenomen tuchtrecht is gebaseerd op een onderscheid tussen individuele en instellingsverantwoordelijkheid dat in veel gevallen niet meer aansluit bij de organisatie en praktijk van de zorg. Los daarvan geven het relatief geringe aantal tuchtklachten dat jaarlijks wordt ingediend en het grote aantal ongegrondverklaringen te denken over de doelbereiking van het tuchtrecht.[56] Dit is niet de plaats om deze problematiek nader uit te werken. Belangrijk is wel de conclusie dat de relatie tussen patiëntveiligheid en patiëntenrechten niet alleen een maximalisering van het recht van de patiënt

---

53 G.E. van Maanen. De rol van het (aansprakelijkheids)recht bij de verwerking van persoonlijk leed. Enkele gedachten naar aanleiding van het experiment in het Veterans Affairs Medical Centre in Lexington USA. In: G.E. van Maanen (red.). De rol van het aansprakelijkheidsrecht bij de verwerking van persoonlijk leed. Den Haag: Boom Juridische Uitgevers, 2003, p. 1-24. Zie ook T. Hartlief. Leven in een claimcultuur: wie is er bang voor Amerikaanse toestanden? Diesrede Universiteit Maastricht, 2005.

54 R.M.P.P. Cascão. Prevention and compensation of treatment injury: a roadmap to reform. Den Haag: Boom Juridische Uitgevers, 2005. Zie ook het rapport van de Engelse Chief Medical Officer, genoemd in noot 8.

55 Zie voor een praktische uitwerking van dit model C.B. Liebman, C.S. Hyman. A mediation skills model to manage disclosure of errors and adverse events to patients. Health Affairs 2004, nr. 4, p. 22-32.

56 E. Hout. The Dutch disciplinary system for health care – An empirical study. Amsterdam: Vrije Universiteit, 2006.

op informatie vergt, maar ook van diens klachtrecht. Meer dan tot nu toe het geval was, zullen de wensen en rechtsbehoeften van patiënten bepalend moeten zijn voor de inrichting van het stelsel van klachtmogelijkheden. Zo had de wetgever grote verwachtingen van de Wet klachtrecht cliënten zorgsector, maar de mate waarin patiënten van die wet gebruikmaken valt tegen. Een van de verklaringen is, dat patiënten vooral behoefte hebben aan meer informele wegen om klachten op te lossen.[57] Onderzoek wijst voorts uit dat patiënten die een klacht indienen uitleg willen, en zo nodig excuses, maar bovenal de verzekering dat de klacht zal worden gebruikt om te voorkomen dat anderen hetzelfde overkomt.[58] Door daarmee bij de inrichting van het klachtenstelsel beter rekening te houden, kunnen naar mijn mening beide doelen van klachtenbehandeling, individuele genoegdoening en kwaliteitsverbetering, dichter bij elkaar worden gebracht.

4 Conclusies, implicaties voor onderzoek en onderwijs

Naar aanleiding van de toegenomen aandacht voor patiëntveiligheid zijn en worden bedenkingen geuit over de gevolgen daarvan voor de rechtspositie van patiënten. In deze rede heb ik de vraag behandeld welke gevolgen een beleid inzake patiëntveiligheid voor de patiëntenrechten heeft. Uit het voorgaande is gebleken dat het beleid op het terrein van patiëntveiligheid verschillende vragen oproept met betrekking tot de rechtspositie van de patiënt. Er is sprake van een gemengd beeld: er zijn zowel elementen van patiëntveiligheid die een bedreiging voor de patiëntenrechten kunnen inhouden als aspecten die eigenlijk alleen maar tot wasdom kunnen komen door bepaalde patiëntenrechten te accentueren of zelfs verder uit te bouwen. Dat geldt in elk geval voor het recht van de patiënt op informatie en voor diens klachtrecht. De doelstellingen van het veiligheidsbeleid en de patiëntenrechten zijn verschillend, maar verkeren ook op tal van punten in elkaars nabijheid. Het is tamelijk onzinnig patiënten aan te spreken op hun rol als medebewaker van de veiligheid van hun eigen zorgproces, als daar geen informatie en openheid van de kant van de hulpverlener en instelling tegenover staan. Voor beperkingen, bijvoorbeeld door fouten niet toe te geven, is dan geen ruimte meer. Patiëntveiligheid, openheid en goede informatie gaan dan ook hand in hand.

Op verschillende gebieden is nader onderzoek nodig. Ik noem onder meer de veiligheid van de melder, de reikwijdte van en ontwikkelingen binnen het recht van de patiënt op informatie, de relatie tussen incidenten, klachten en claims, de impact van openheid op het aantal klachten en claims en de samenhang binnen het stelsel van klachtmogelijkheden voor patiënten. Rechtsvergelijkend onderzoek en onderzoek naar de relatie tussen juridische benaderingen en empirische bevindingen zijn daarbij van groot belang.

---

57 Zie bijvoorbeeld E.M. Sluijs, R.D. Friele, J.E. Hanssen. *De WKCZ-klachtenbehandeling in ziekenhuizen*. Den Haag: ZonMw, 2004.

58 Sluijs et al., o.c.

Door de positionering van de leerstoel gezondheidsrecht binnen zowel het VUmc als de juridische faculteit ontstaat een goede uitgangspositie voor dergelijk onderzoek. Zeer recent zijn promotieonderzoeken gestart naar de rechtsontwikkelingen met betrekking tot het recht van de patiënt op informatie en de inhoud van en de samenhang binnen het stelsel van klachtmogelijkheden in de gezondheidszorg. Deze beide onderzoeken sluiten aan bij reeds lopende projecten, zoals de al genoemde KNMG-studie naar de randvoorwaarden van veilig melden, het onderzoek van Ingrid Christiaans naar meldingen van 'adverse events', de studie 'Patiëntveiligheid in Nederland' van EMGO en Nivel,[59] het onderzoek dat binnen de juridische faculteit wordt verricht met betrekking tot het medisch deskundigenbericht en het onderzoeksproject in opdracht van het WODC naar de verwachtingen die slachtoffers en hun naasten van het aansprakelijkheidsrecht hebben. Geleidelijk aan ontstaat aan de VU een interfacultair centrum voor gezondheid en recht. Onder die paraplu zal naar ik hoop en verwacht een bloeiende onderzoekspraktijk groeien.

Sinds de instelling van de bijzondere leerstoel gezondheidsrecht op 1 september 2005 is het al bestaande onderwijs in het gezondheidsrecht aan deze universiteit verder uitgebouwd. In het studiejaar 2005-2006 worden in het kader van drie opleidingen (geneeskunde, rechten en gezondheidswetenschappen) in totaal zes onderwijsblokken aangeboden. Volgend studiejaar zullen dat er zelfs zeven zijn. Voor het onderwijs in het gezondheidsrecht bestaat tot mijn genoegen onder studenten veel belangstelling. Voor studenten geneeskunde is van belang dat belangrijke gezondheidsrechtelijke thema's standaard in het curriculum zijn opgenomen. Daarbij moet vooral worden gedacht aan thema's die direct of indirect met patiëntveiligheid te maken hebben: rechten van patiënten, klachtmogelijkheden, omgaan met klachten en fouten, de regulering van kwaliteit en veiligheid en het vraagstuk van de verantwoordelijkheidsverdeling. In de eerder in deze rede genoemde beleidsdocumenten wordt onderwijs over deze thema's als een belangrijke randvoorwaarde voor patiëntveiligheid beschouwd. In nauwe samenwerking met de directbetrokkenen wil ik er graag naar streven deze thema's op een goede en structurele manier in de medische opleiding te incorporeren.

5 Dankwoord

Aan het einde gekomen van deze rede wil ik allereerst mijn dank uitspreken aan het College van Bestuur, de raad van bestuur van het VU Medisch Centrum en het bestuur van de faculteit der Rechtsgeleerdheid, voor hun bijdragen aan de totstandkoming van de leerstoel gezondheidsrecht en het in mij gestelde vertrouwen. De bijzondere leerstoel gezondheidsrecht is ingesteld

---

59 Zie J.M. Cuperus-Bosma, C. Wagner, G. van der Wal. Veiligheid van patiënten in ziekenhuizen. Nederlands Tijdschrift voor Geneeskunde 2005, nr. 39, p. 2153-2156 en www.onderzoekpatientveiligheid.nl.

door de Koninklijke Nederlandsche Maatschappij tot bevordering der Geneeskunst (KNMG). Dat de KNMG mij op deze leerstoel heeft benoemd, zie ik als een voorrecht. Mijn dank daarvoor gaat uit naar het bestuur en de directie van de KNMG, en met name naar Peter Holland, Paul Rijksen en Lode Wigersma. De leeropdracht richt zich in het bijzonder op de relatie tussen juridische ontwikkelingen en de beroepsuitoefening in de gezondheidszorg. Met oog voor de praktijk van de gezondheidszorg en de dilemma's van artsen en andere hulpverleners, maar ook met gepaste distantie, zal ik streven naar een zo zinvol mogelijk invulling van deze leeropdracht.

Waarde Van der Wal, beste Gerrit. Waarde Akkermans, beste Arno. In eerste instantie was het Gerrit die mij langzaam maar zeker richting Amsterdam trok, later deden jullie dat als tandem. De wijze waarop dat gebeurde was zowel efficiënt als hartelijk en geeft alle vertrouwen in een vruchtbare samenwerking. De multidisciplinaire werksituatie die vooral binnen het EMGO bestaat, is zeer inspirerend. Het is soms nog zoeken naar de beste manier om de juridische en de sociaalwetenschappelijke onderzoeksmethoden en -tradities met elkaar te verbinden, maar de eerste pogingen bieden zicht op een mooie toekomst. Zowel binnen het EMGO-instituut als de juridische faculteit is sprake van een bijzonder aangename en collegiale werkomgeving. Ik prijs mij vooral gelukkig met het informele samenwerkingsverband gezondheidsrecht dat inmiddels is ontstaan. Hierin participeren juristen uit het VUmc (waaronder ook het Bureau Medische Zaken), de juridische faculteit en de beleidsafdeling van de KNMG. Deze groep vormt een interfacultaire, ja zelfs interinstitutionele groep van personen met ervaring en deskundigheid op uiteenlopende gezondheidsrechtelijke terreinen. De bedoeling is dat ten behoeve van onderwijs en onderzoek op een flexibele wijze op de leden van deze groep een beroep kan worden gedaan. Dat is ook al een aantal malen gebeurd en we zullen dat zeker verder uitbouwen. Speciale vermelding verdient Brenda Frederiks, aangesteld als universitair docent gezondheidsrecht binnen het VUmc. Zonder haar zouden de omvangrijke onderwijstaak en de inmiddels gestarte onderzoeksactiviteiten maar moeilijk te realiseren zijn.

Inmiddels heb ik mogen kennismaken met studenten van drie opleidingen: geneeskunde, rechten en gezondheidswetenschappen. Dat is mij goed bevallen. De interesse van de studenten in het gezondheidsrecht is welgemeend, en hun inzet en bijdragen spreken tot de verbeelding. Het is dan ook een groot genoegen onderwijs te geven. Hoewel er naast de huidige blokken niet veel onderwijstijd overblijft, lijkt het mij een uitdaging nog eens een vak te ontwikkelen dat door de studenten uit de drie richtingen gezamenlijk kan worden gevolgd. Dat zou een mooie manier zijn om juridische aspecten, medische kennis en gezondheidsbeleid bijeen te brengen.

In deze rede heb ik veelvuldig het woord veiligheid gebruikt. De meest veilige omgeving is en blijft die binnen mijn gezin. Het meest van allen dank ik dan ook Tonny, Myrte en Tijmen.

Ik heb gezegd.

GPSR Compliance
The European Union's (EU) General Product Safety Regulation (GPSR) is a set of rules that requires consumer products to be safe and our obligations to ensure this.

If you have any concerns about our products, you can contact us on

ProductSafety@springernature.com

In case Publisher is established outside the EU, the EU authorized representative is:

Springer Nature Customer Service Center GmbH
Europaplatz 3
69115 Heidelberg, Germany

www.ingramcontent.com/pod-product-compliance
Ingram Content Group UK Ltd.
Pitfield, Milton Keynes, MK11 3LW, UK
UKHW051252180426
11947UKWH00020B/1669